春天到了，
鳥爸爸、鳥媽媽為了迎接鳥寶寶的出生，
開始忙著布置安全的家，
這些鳥兒的家在哪裡呢？

鳥兒的家

文·圖 何華仁

街道上,
赤腰燕的家在哪裡?

哦,
赤腰燕的家在屋簷下的泥巢裡。

森林裡,
藍鵲的家在哪裡?

哦,
藍鵲的家
在樹上的大巢裡。

樹林裡,
小啄木的家在哪裡?

哦,
小啄木的家
在樹洞裡。

湖面上,
小鷺鷈的家在哪裡?

哦,
小鷺鷉的家在池塘的浮巢裡。

溪流邊,
翠鳥的家
在哪裡?

哦,
翠鳥的家
在溪邊的土洞裡。

大海上,
白眉燕鷗的家在哪裡?

哦,
白眉燕鷗的家
在小島的岩壁上。

沙灘上，
小環頸鴴的家又是在哪裡？

小環頸鴴的家在沙灘上，親鳥會壓個淺凹，周圍放幾塊碎石子掩護產下的卵，因為卵的顏色與斑紋跟碎石很像，所以不容易被發現。雌雄鳥會輪流孵卵。

封面：黑枕藍鶲雄鳥，頭至頸、背、尾羽為寶藍色，頭上有一黑斑。雄鳥會和雌鳥輪流捉蟲餵食雛鳥。
書名頁：黑枕藍鶲，左：雄，右：雌。雌鳥背及尾羽為灰褐色。
封底：黑枕藍鶲，左：雌，右：雄。

 何華仁

　　畫家，臺灣知名鳥人。曾任報社美術總監、出版社總編輯。1980 年起開始觀察臺灣野鳥生態至今，擔任過臺灣猛禽研究會理事長、臺北野鳥學會理事長。擅長以木刻版畫、繪本形式創作鳥類生態畫，舉辦過多次版畫展，繪本作品更多次獲得金鼎獎、小太陽獎肯定。作品有：《彩鷸奶爸》、《鳥聲》、《小島上的貓頭鷹》、《灰面鵟鷹的旅行》，以及【野鳥繪本系列】──《臺灣鳥四季》、《野鳥有夠酷》、《野鳥會躲藏》等。

　　鳥類研究專家兼藝術家的身分，讓他的每一塊雕刻板、每一本繪本都訴說一回生態教育，繪本作品更是兼具科學、美學與文學的內涵。近年搬到宜蘭，花更多時間觀察蘭陽平原四季的野鳥，並且陸續將這些身旁的對象繪寫成讀物。

小魯寶寶書 71　鳥兒的家　　文・圖　何華仁

發行人／陳衛平
執行長／沙永玲
出版者／小魯文化事業股份有限公司
地址／106 臺北市安居街六號十二樓
電話／(02)27320708
傳真／(02)27327455

E-mail ／ service@tienwei.com.tw
小魯閱讀網／ www.tienwei.com.tw
facebook 粉絲團／小魯粉絲俱樂部
總編輯／陳雨嵐
美術責編／邱靖婷
郵政劃撥／ 18696791 帳號

出版登記證／局版北市業字第 543 號
初版／西元 2014 年 11 月
初版二刷／西元 2015 年 8 月
定價／新臺幣 270 元
ISBN ／ 978-986-211-479-7

版權及著作權所有・翻印必究　　©HSIAO LU PUBLISHING CO. LTD., 2014　Printed in Taiwan